AF311140

INSTRVCTION

CATHOLIQVE

DES

INDVLGENCES.

Par IEAN PIERRE CAMVS
Euesque de Belley.

A PARIS,

Chez GERVAIS CLOVSIER,
au Palais, sur les degrez de la
Saincte Chappelle.

M. DC. XLI.

A MONSIEVR DE P.

ONSIEVR,

Le sujet des Indulgences, dont ie vous enuoye vne fami-liere instruction, pour la faire voir à M. D. B. est la belle Heleine, pour laquelle le Pere des Protestans de Germanie a esmeu vne telle guerre en l'Eglise militan-te. C'est la pierre d'achopement pour ceux qui se sont volontairement separez de nostre Communion, mais pour les fidelles & Catholiques, c'est vne pierre d'edification, vn remede extraordinaire & de grande consola-tion, & quoy que pour les autres ce soit vn scandale & vne folie, pour nous c'est vne vertu & vne sagesse, cachée dans le mystere de la Croix.

Ce n'est pas peu que nostre Catechumene aye vn grand respect pour les clefs données aux Pasteurs de l'Eglise par Iesus Christ pour la remission des pechez, le piuot sur lequel tourne toute cette matiere, que nos chers contrarians ont embrouillée expressement de tant d'odieuses circonstances pour la descrier à plaisir : c'est cette verité, si claire par tant de tesmoignages

A ij

de l'Escriture, que Dieu remettant toute la
coulpe & toute la peine eternelle du peché en
iustifiant le pecheur, ne remet pas toufiours
toute la peine temporelle.

Ce poinct estant estably ie ne voy nulle difficulté confiderable, ny qui puiffe arrefter vn esprit docile en la creance de ce fujet, veu mefme
que qui croit le plus peut bien aifément croire le
moins, & croyant comme il fait que par vn
feul acte de foy il rentre en grace auec Dieu,
qui luy remet toute la coulpe & toute la peine,
eternelle & temporelle de fes fautes, quel fujet
auroit-il de nous mettre en pire condition (Dieu
n'estant point accepteur des perfonnes) fi à
l'acte de foy (car fans la foy, & foy viue, c'est
à dire operante par charité, nous ne tenons
point que l'on puiffe gaigner les Indulgences)
nous ioignons les bonnes œuures de l'Oraifon,
du ieufne, & de l'aumofne; qui fe pratiquent
en gaignant les Indulgences, & que luy mefme
appelle les fruicts de la foy, & des fruicts dignes de Penitence; il a l'efprit trop iufte pour
y donner place à vne telle inefgalité.

Mais ie ne m'auife pas que ce n'est point à
luy que ie parle, mais à vous, mon cher Mon-
fieur, qui auez vne foy à transporter des mon-
tagnes tant elle est animée de zele, ie parle de
la fcience entre les parfaits, [& de la loy à celuy qui la fçait] & qui la fait mieux que moy,

C'est à vous de mesnager & ce petit escrit, &
le grand esprit de nostre Catechumene selon ce
zele armé de science que Dieu vous a donné.
Ie saluë le tres-bon Monsieur D. L. F. du
quel ie suis comme de vous indiuisiblement,
tres humble seruiteur, I. P. C. E. de Belley.

DES INDVLGENCES.

1. Que veut dire ce mot d'Indulgence.

L se prend communement pour vne Douceur, Mansuetude, Clemence, Bonté, Benignité, Condescendance, Support des fautes d'autruy, facilité à les pardonner, dissimulation à les voir, compassion, misericorde, pardon & remission amiable. On appelle vn Pere Indulgent qui souffre les deffauts de ses enfans sans les corriger & reprendre; vn Prince indulgent qui donne des graces auec facilité. C'est le propre de la charité, laquelle souffre & endure tout (*1 Cor.* 13.) d'estre indulgente, benigne, patiente, & Dieu qui est la charité mesme (*Ioan* 2.) est appellé longanime, patient, endurant la malice, dissimulant les pechez des hommes, & fort misericordieux (*Sap.* 11. 24.)

tout cela signifie Indulgent.

2. *Comme est-il pris en l'Escriture?*

Ordinairement pour pardon, remission, ou relaxation de peine. (*Isai* 61. 1. *Luc.* 4. 19. 1. *Cor.* 7. 6.

3. *Qu'entendent les Theologiens par les Indulgences Ecclesiastiques.*

Vne espece de largesse & de dispensation extraordinaire du tresor de l'Eglise, qui se fait aux fidels & iustes, pour quelque bon sujet.

4. *Quel est ce tresor de l'Eglise dont est tirée cette largesse.*

Il est composé des merites & satisfactiós infinies de I. C. 1. principalement, fondamentalement, & puis comme par accessoire, non des merites des Saincts, mais des satisfactions surabondantes de quelques saincts qui n'ayans point peché, ou fort peu, ont beaucoup enduré & souffert pour la gloire de I. C.

5. *Qu'est-il besoin de cét accessoire puis que le principal est infiny?*

Dieu en la creation du monde ramassa dans le Soleil toute la lumiere qu'il auoit tirée du milieu des tenebres (Cor. 4. 6.) & neantmoins il ne laissa pas de faire la Lune & les estoilles, lesquelles ne diminuent point la gloire du Soleil duquel elles em-

pruntent toute leur clarté ; au contraire
elles l'augmentent en quelque façon par
l'hommage qu'elles luy en rendent.

6. Mais ces satisfactions des Saincts sont elles necessaires ?

Mais les estoilles le sont elles ? combien y
a t'il de choses au monde qui nous semblét
superfluës, & dont à nostre auis, l'Vniuers
se pourroit passer, qui neátmoins ne sont
pas telles aux yeux de celuy qui l'a creé ;
qui ne pensera que tant de Pampres qu'il
faut tous les ans ébourgeonner sont inutiles à la vigne, ce qui n'est pas toutesfois,
car selon la maxime, Dieu & la Nature ne
font rien en vain.

7. Que fait l'Eglise de ce thresor ?

Elle en est fidelle dispensatrice, non in-
considerée dissipatrice. Elle est le champ
de l'Euangile où ce tresor est caché, duquel elle a les clefs pour le distribuer ; có-
me sage mesnagere des talens que son es-
poux lui a commis, pour les faire profiter
à la gloire de Dieu.

8. Comme le dispense-t'elle.

Comme bonne œconome, tantost d'v-
ne façon ordinaire, tantost d'vne maniere
extraordinaire, selon le besoin de ses enfans : car Dieu la establie sur eux, pour leur
distribuer cette viande qui ne perit point]

ce fro-

ce froment esleu d'vne mesure compassée,
d'autant que l'honneur du Roy des siecles
demande iugement.

9. *Quelle est la dispensation ordinaire.*

Par les Sacremens : principalement par ceux de
baptesme & de penitence, ausquels se répand
l'eau nette sur les pecheurs, qui les laue de toutes
leurs ordures.]

10. *Mais aprez le Baptesme, reste t'il quelque chose
a payer?*

Non : car aux enfans le peché de l'origine est
effacé, n'en ayans point d'actuels, & aux adultes
l'originel, & aussi les actuels, tant au regard de la
coulpe que de la peine eternelle & temporelle.

11. *N'en y a t'il pas de mesme en la Penitence qui
est vn second Baptesme, ou vne seconde table apres le
naufrage.*

Non : car bien que la coulpe & la peine eternelle y soient tousiours remises, & mesme partie de
la temporelle, celle-cy n'est pas tousiours entiere-
ment pardonnée, bien qu'elle le soit aussi quelque
fois, quand la contrition du penitent est grande
& vehemente.

12. *Dieu riche en misericorde (Rom. 10. 12.) &
bonté infinie (Ps. 146. 5.) pardonne t'il à moi-
tié : ses œuures sont elles pas parfaites ? (Rom
11. 29.)*

Tres parfaittes ; mais comme il est abondant
en misericorde & redemption (*Ps.* 129.) aussi est-
il infiniment iuste, & ses iugemens sont la mesme
droiture (*Ps.* 118.) au baptesme il faict largesse,
& donne remission pleniere, mais en la penitence, il resserre aucunement sa grande main dont

B

il remplit le monde de benediction, assaisonnant sa misericorde de iustice, en sorte neantmoins, que celle-là surnage incomparablemét celle-cy (*Iacq. 2. 13.* (pource que ses miserations sont toushours au dessus de ses œuures. (*Ps. 144.*

13.	*De quelle façon cela?*

Il y a vne distance comme infinie entre la coulpe & la peine eternelle: & la peine temporelle du peché. Or en la penitence il remet toushours la coulpe & la peine eternelle, & mesme partie de la temporelle, reseruant non pas toushours, mais quelquefois, ce reste de peine temporelle pour satisfaire à sa iustice, par les fruicts dignes de penitence, qu'il exige des pecheurs qu'il a rens en son amitié.

14.	*Cela à t'il fondement en l'Escriture.*

Il se tire de deux passages de S. Paul (*Hebr. 6. 4. & 10. 26.*) selon l'explication de quelques Peres, ainsi que vous pourrez voir dans Bellarmin (*de purgat. l. 1. c. 14.*)

15.	*Dieu ne remet-il pas toute la peine temporelle aussi bien que l'eternelle, quand il nous pardonne la coulpe?*

Apres la decision du S. Concile de Trente (*Sess. 15. chap. 8. & can. 12. & 13.*) il n'est permis à aucun Catholique d'estimer que toute la coulpe & toute la peine eternelle, & mesme partie de la temporelle ne soient remises, par vne vraye contrition, ou par le Sacrement de Penitence. Mais non toushours toute la peine temporelle: & de cela il en rameine des exemples & des auctoritez de l'Escriture saincte, qui ne se peuuent contredire que par ceux qui veulent estre rebelles à la lumiere, & resister au sainct Esprit.

16. Par quel moyens ce peut racheter ce reste de peine
temporelle qui demeure apres la coulpe & la peine eternelle remifes.

Les moyens ordinaires font les bonnes œuures
faittes en grace, car fi elles ne font faittes en charité, elles ne peuuent eftre ni fatisfactoires ni meri-
toires, L'extraordinaire c'eft le bon vfage des Indulgences, par lefquelles fe fait vn payement de
cefte peine tiré du threfor de l'Eglife,

17. Mais Iefus-Chrift n'a t'il pas merité & fatisfaict
fuffifament pour nous.

Plus que fuffifamment, car le prix de noftre redemption n'eft pas feulement grand (Cor. 6. 20.)
mais infiny : neantmoins ce qui eft caufe qu'il ne
proffite pas à tât d'infidelles & à tant d'autres perfonnes feparées du corps myftique de I. G. qui eft
fon Eglife, comme autant de pampres deftachez
de leur tronc, c'eft que ce prix infiny doit eftre ne-
ceffairement appliqué, car fans cefte application
il demeure inutile à falut, & cela s'appelle en l'ef-
criture (Pf. 61. 5.) rejetter le prix de fon rachapt.]
Or cette application fe fait par les moyens rapor-
tez en l'article precedent.

18. N'eft-ce pas d'vn mefme threfor que fe tire la re-
miffion de la coulpe & de la peine eternelle, & auffi
temporelle.

Du mefme : Car I. C. n'eft pas diuifé. C'eft de
fa plenitude que nous receuons tous,] & dans les
fontaines intariffables du Sauueur que noûs pui-
fons tous,] il n'y a point d'autre nom fous le Ciel
que celuy de Iefus, auquel nous puiffions eftre
Sauuez,] ce n'eft ny Paul ny Cephas qui ont efté
crucifiez pour nous, (1. Cor. 1. 13.

19. Pourquoy donc mettez-vous les fatisfactions

surabondantes des saincts dedans ce thresor infiny qui n'en peut estre augmenté, non plus que diminué par le rachapt de nos offenses, car l'infinité ne reçoit ny augmentation ny diminution.

On ne dit pas que ces satisfactions surabondantes de quelques saincts, soient appliquées pour le rachapt de la coulpe & de la peine eternelle, car à cela les seuls merites & les seules satisfactions de I. C. sont employées, mais au regard du reste de la peine temporelle, on dit qu'elles entrent en quelque consideration, non comme simples satisfactions humaines, mais comme œuures de la grace, & comme satisfactions jointes, liées, entrées, & comme incorporées à celles de I. C. par les merites & satisfactions duquel nous meritons & satisfaisons, & les saincts ont merité & satisfait, toute leur suffisance & la nostre venant de Dieu, sans lequel nous ne pouuons faire aucun bien, non pas mesme auoir vne seule bonne pensée comme de nous] qui puisse attaindre à la vie eternelle. C'est la doctrine du sainct Concile au lieu que nous venons de marquer.

20. *Pourquoy les merites & satisfactions de Iesus-Christ nous sont elles appliquées au baptesme pour toute la peine temporelle, comme pour la coulpe & la peine eternelle, & non en la Penitence?*

Pourquoy Dieu a t'il faict d'vne mesme infinie toute puissance l'Elephant plus gros que la fourmi, les melons plus gros que les fraizes, la mer plus large que les riuieres. Qui peut demander à Dieu pourquoy il faut ainsi ou ainsi,] qui a esté son Conseiller. Le S. Concile, au lieu allegué, en apporte neantmoins vne belle raison qui pourra satisfaire les plus curieux, la briefueté de cette

inſtruction ne me permet pas de la transcrire icy.
(v. chap. 8. Seſſ. 15.)

21.   Cette partie du threſor qui eſt des ſatisfactions
ſurabondantes des ſaincts, eſt elle infinie, & ſi elle ne
l'eſt pas eſt-elle point eſpuiſée depuis le temps que l'on
donne des Indulgences ?

L'infini eſt vn tout qui n'a point de parties, & ce
qui eſt creé, ne peut eſtre infini, les ſatisfactions
doncques des ſaincts quelques ſurabondātes quelles ſoient, ne peuuent eſtre infinies, ſi meſme ne
le ſeroient par les merites & ſatisfactions de l'hu-
manité de I. C. ſi elles n'eſtoient theandriques,
c'eſt à dire procedantes d'vn ſuppoſt diuin & in-
creé: de ſçauoir donc ſi les ſatisfactions des ſaincts
qui ſont finies ſont eſpuiſées c'eſt vn ſecret, auſſi
bien que celuy des temps & des momens que
Dieu a reſerué à ſa puiſſance] & à ſa cognoiſſance,
ce n'eſt pas à nous de le ſçauoir, ny meſme de nous
en enquerir.

22.   Cela n'eſt pas reſoudre vne difficulté, c'eſt r'en-
uoyer vn malade aux eaux.

Ce que ie vous en puis dire, apres quelques
Docteurs, c'eſt que les merites & ſatisfactions
de I. C. qui ſont infinies, ne nous ſont pas appliquées ſelon toute leur eſtendue, mais d'vne maniere finie, il eſt vray que nous receurons tous de
ſa plenitude, mais chacun ſelon la meſure de la
bonne volonté de Dieu, duquel l'eſprit ſouffle
où il veut, qui faict miſericorde à qui il veut, & à
telle proportion qu'il luy plaiſt. (Rom. 12. 13. Epheſ.
4. y. 7 13. 16. Pſ. 79. 6. Sap. 11. 21.)

23.   Dieu donne à tous abondamment & ne reproche
à perſonne (Iacq. 1. 5.)

C'eſt vne ſource infinie & ineſpuiſable de vie

(*Pf.* 35. 10.) mais quelque groffe que foit vne
fource, elle ne coule dans les iardins que felon la
groffeur des canaux. Et quelque grande que foit
la lumiere du Soleil, elle n'eft receuë des eftoilles,
que felon leur differentes grandeurs, ainfi les fatisfactions infinies de I. C. ne s'appliquent aux
penitens que felon leurs befoins.

24. *A ce conte la grace fe refpandroit felon la capa-*
cité des vaiffeaux naturels, contre la maxime des
Theologiens (S. Bo. 2. 2. q. 24. a. 3.)

Nullement : car la grace eftant vn don pure-
ment gratuit, Dieu la diftribue côme il luy plaift,
faifant du fien, comme il eft dit dans l'Euangile
(*Matth.* 20. 15.) ainfi qu'il veut. Or s'il ne veut
pas faire vne grace fi ample en la penitence qu'au
baptefme, qui eft-ce qui a droict de le controol-
ler en la diftribution de fes biens, deuons nous
eftre malings parce qu'il eft bon.

25. *Dieu n'eft point acceptateur des perfonnes.*
(*Galat.* 2. 6.)

Non, & c'eft pour cela qu'il partage fes faueurs,
felon le bon plaifir de fa volonté, aux vns ainfi, aux
autres ainfi, affin que nul ne s'en glorifie, car qui fe
veut glorifier le doit faire au Seigneur, d'autant,
que celui qui fe vante n'eft pas recommandé, mais
celuy que le Seigneur recommande. (*Cor.* 10. 18.)

26. *Si les merites des faincts & des iuftes font re-*
compenfez au ciel d'vne mefure repanchante (*Luc.* 6.
38.) *ce que les Theologiens appellent outre leur digni-*
té : quelles fatisfactions furabondante peuuent ils
auoir ?

Vne mefme bonne œuure peut auoir cinq qua-
litez, car elle peut eftre 1. Meritoire. 2. Satisfactoire. 3. Impetratoire. 4. Propiciatoire. & 5. Confo-

latoire : pour auoir les deux premiers , il faut
qu'elle soit faitte en charité, & par le motif de la
charité : pour les trois autres, il est expedient,
mais non pas absolument necessaire. Les saincts
sont donc recompensez largement & selon la mu-
nificence diuine du merite de leurs œuures faittes
en grace, mais si en qualité de satisfactoires, ils
ont plus enduré pour Dieu que leurs pechez ne
meritoient de peines temporelles, pourquoy ce
residu ne nous pourra-t'il estre comuniqué, puisque nous sommes enfans des saincts, & dans leur
communion, selon le 9. article de nostre croyāce.
27. *Cette distinction de merite & de satisfaction se
trouue t'elle en l'Escriture.*

Elle se recueille necessairement de ce que la re-
cōpense eternelle est promise à l'aumosne, & autres bonnes œuures faittes en grace (*Matth. 25.*) &
par consequent meritoire : & de plus il est escrit
que par elle le peché se rachette (*Iob. 4. Eccles.
3. Dan. 4.*) donc satisfactoire quant à la peine
temporelle.
28. *Suiuez,*

Le ieusne de mesme est satisfactoire comme il se
void en l'exemple des Niniuites (*Ion. 3.*) & meritoire. (*Matth. 6. 4.*) ou Dieu promet la retri-
bution à ceux qui ieusneront pour son honneur.
La priere Dominicale, dit S. Augustin (*Ench. 12.
c. 71.*) satisfait pour les fautes venielles & quoti-
diennes, & en S. Math. (6.) le salaire luy est pro-
mis. S. Paul parle de merite (*2. Tim. 4.*) sous le
mot de Couronne de Iustice, & de satisfaction,
(*Coloss. 1. 24.*) quand il se dit accomplir en soy,
(c'est à dire par application) ce qui deffaut à la
Passion de Iesus-Christ.

29. *Les merites des saincts nous penuent-ils estre communiquez.*

Non leurs merites, qui sont recompensez au de-là de leur dignité & valeur, ony bien leurs satisfactions surabondantes: & leur abondance supléera ainsi nostre besoin, (2. *Cor.* 8. 14.) Il n'y a que les merites de I. C. qui nous puissent estre communiquez, tous les saincts ensemble ne nous sçauroient faire part d'vn seul brin du leur : mais leurs satisfactions surabondantes sont les miettes qui tombent de leur table & que nous pouuons ramasser comme des humbles Cananées.

30. *Si celles de Iesus-Christ suffisent, qu'auons nous affaire de celle-cy.*

Il faut adorer & embrasser celles-là, mais ne rejetter pas celles-cy par vn mépris arrogant, si nous ne voulons ouïr ce reproche du Seigneur ils ne t'ont pas mesprisé mais moy, car qui mesprise les seruiteur dédaigne le Maistre, ioint que nous ne considere ces satisfactions, que comme telle-ment iointes celles du Fils de Dieu, quelles ne sont que comme vne mesme chose, les branches & le tronc n'ayant qu'vne mesme racine, reietter les saincts, c'est rebutter & repousser Iesus-Christ c'est dédaigner celuy qui la enuoyé, qui les offence, le touche en la prunelle de l'œil, les degoustez diroient volontiers des satisfactions des saincts, ce qu'Israël disoit autrefois de la manne (*Nombr.* 21. 5.)

31. *Quels saincts ont eu des satisfactions surabondantes.*

Cela ne se peut dénier de la S. V. & de S. Iean Baptiste, & de Ieremie sanctificz dés le ventre maternel, & qui ont tant souffert durant leur vie. Et

est

est fort probable d'Isaye, d'Elie, d'Helizée, d'Ezechiel, comme des Martyrs. (*Hebr.* 11. 36.) des Apostres (1. *Cor.* 4. 9. & 11. 23.) Iob mesme le semble dire de soy assez ouuertemét (*Iob.* 6. 2) pourquoy ne ferons nous pas mesme iugement d'vne infinité d'autres, que Dieu cache dans la cachette de son visage, comme ces milliers d'incongnus qui n'auoient point flechi les genoux deuant Baal.

32. *Qu'est-ce que cela à comparaison de tant de millions de pecheurs qui gaignent les Indulgéces.*

Aussi ne dit-on pas que toutes les peines temporelles deües à ceux-cy, se payent de ceste partie du tresor qui regarde les satisfactions surabondantes des saincts, il suffit de croire qu'elles ne sont pas inutiles, & si elles estoient consommées, que celles de I. C. qui sont infinies, ne peuuent iamais estre espuisées, ce sont des mammelles fecondes qui se remplissent à mesure quelles se succét, meilleures que le vin qui diminue dans le tonneau pour peu que l'on en tire.

33. *Quel droict ont les Pasteurs de l Eglise de dispenser ce tresor des satisfactions de I. C.*

Il est fort autentiquement enregistré aux sacrez cahiers. (*Ioan.* 20. 21. 22. & 13. *Matth.* 18. 18. 2. *Cor.* 2. 11.) au reste vous remarquerez que les satisfactions de I. C. sont communiquées, tant par les Sacremens que par les Indulgences, mais les satisfactions residues des saincts qui peuuent estre dans ce tresor, ne se communiquent que par les indulgences. Ce sont comme ces fragmens du desert que N. S. fit recueillir au miracle de la multiplication des pains.

34. *Si les satisfactions surabondantes des saincts*

entrent dans cette dispensation du tresor, ne les faisons nous point en quelque sorte nos redempteurs auec I. C.

Nullement: car 1. elles n'ont aucune part au rachapt de la coulpe, ni de la peine eternelle, cela estant tiré des satisfactions de I. C. & au regard de la peine téporelle, qui au regard de la coulpe & de la peine eternelle est fort peu de chose, & (parlant cōparatiuement, non positiuement) presque rien; nous ne considerons pas la nature, mais la grace de Dieu qui est dans les satisfactions des saincts, de sorte qu'à Dieu seul Roy des siec'es en reuient tout l'honneur & toute la gloire, qui les a rendus vaisseaux d'honneur, remplis de ses faueurs, & ministres idoines du nouueau testament.

35. *Cela n'allume t'il point la jalousie de Dieu.*

Dieu n'est ialoux que de sa gloire souueraine & absolue, non de la subalterne & relatiue, puisque celle-cy enfin derniere luy reuient par subordination & par rapport. Il ne communique celle-là à personne (*Esa.* 43. 8.) quant à celle-cy il en est tellement jaloux pour ses seruiteurs qu'il veut estre grandement honorez (*ps.* 138. 17.) qu'il a faict d'estranges punitions de ceux qui les ont mesprisez ou des-honorez. *Numbr.* 16. 4. *Rois* 2. 23) Au reste ces mots de Redempteur & de Saueurs au regard des hommes se peuuent prendre en vn sens qui ne preiudicie nullement à la souueraine & vnique Redemption faitte de nous par I. C. comme l'on peut voir en ces passages (*Dan.* 4. 24. 1. *Cor.* 9. 21. *Philip.* 2. 12. *Ephes.* 3. 9. *Genes.* 41. 45. 1. Coassessours au dernier iugement ceux qui auront tout quitté pour le suiure, & ne sōmes nous pas par la grace appelez enfans & heritiers de Dieu, & coheritiers de I. C.

36. Donnez nous la deffinition de l'Indulgence Ecclesiastique.

C'est vne absolution iudiciaire de la peine temporelle deuë au peché desia remis quant à la coulpe & à la peine eternelle, faitte hors le sacrement, par l'application ou solution tirée du tresor de l'Eglise.

37. Pourquoy l'appelez-vous absolution, veu que nul ne peut gaigner l'indulgence qui ne soit desia absous au for de penitence, de la coulpe & de la peine eternelle.

Pource que c'est vne acte iudiciaire qui ne peut proceder que de celuy qui a iurisdiction sur les ames, comme a le souuerain Pontife en toute l'Eglise, le patriarche en son Patriarchat, le primat en sa Primace, l'Archeuesque en sa Prouince, & l'Euesque en son Diocese.

38. Pourquoy dites vous Peine temporelle.

Pour la distinguer de l'eternelle qui ne se remet auec la coulpe, que par la parfaitte contrition, ou par le Sacrement de Penitence receu dans vne legitime attrition.

39. L'Indulgence oste t'elle toutes les peines temporelles.

L'Indulgence n'oste 1. ni la coulpe, 2. ni la peine eternelle, ni les peines naturelles, comme les maladies, les afflictions, les desastres, la mort du corps. 3. ni les peines qui procedent du for externe, seculier, ou Ecclesiastique. Mais seulement des peines temporelles, du peché pour lesquelles nous sommes obligez de satisfaire à la Iustice de Dieu en ceste vie, ou en Purgatoire.

40. *A quel suiet adioustez vous du peché desia remis quant à la coulpe.*

D'autant que pour iouïr du fruict de l'indulgéce il faut estre en estat de grace, comme il faut qu'vn criminel se mette en estat pour iouïr de la grace & de l'abolition que luy donne le prince. Veu aussi que l'indulgence ne regarde point l'absolutió de la coulpe ni de la peine eternelle, cela appartient au Sacrement de Penitence.

41. *C'est donc à cause de cela que vous dittes que cette absolution iudiciaire, se faict hors le Sacrement.*

Il est ainsi, & c'est par le Sacrement de Penitence, & mesme par celui de l'EucEaristie que l'on se dispose à recueillir le benefice de l'Indulgence.

42. *Pour quelle cause l'appelez vous solution ou payement.*

Pource que ce n'est pas vne simple absolution, par laquelle sans aucune cópensation la peine téporelle soit remise, mais c'est vne satisfaction qui se tire du tresor de l'Eglise : par laquelle la Iustice diuine est contentée.

43. *Il semble que les Indulgences rendent les fideles paresseux à faire des fruicts dignes de Penitence?*

Tant s'en faut, qu'il ne s'en fait iamais tant qu'aux temps des Iubilez & des Indulgentes, ausquels ceux qui s'y disposent s'exercent à toutes sortes d'actions de pieté, aux oraisons, aux iousnes, aux aumosnes, aux confessions, aux communions, à la frequentation des Eglises, & des predications à l'adoration du S. Sacrement, aux mortifications interieures & externes, bref à la pratique de toutes sortes de vertus, & à la suitte de toutes sortes de vices.

44. *Cette maniere de satisfaire estant si aisée, les lasches s'en peuuent preualoir.*

Comme cela refroidiroit il la charité, qui l'excite & l'enflamme, si l'on ne veut dire que ce remede est comme l'eau des forgerons qui embrase le feu, au lieu de l'esteindre. Et puis au siecle où nous viuons, si fertile en maux, & si sterile en bonnes œuures, duquel on peut dire ce que le psalmiste, (Pſ. 13. 3.) qui peut trouuer mauuais, que l'on paye par emprunt, ce que l'on tire si malaisément de son propre trauail, par le deffaut de ce diuin amour qui est en cette fin des temps. Joint que c'est tousiours grace pour grace, soit que nous satisfaisions par nos bonnes œuures animées de la grace, soit que nous empruntions ceste grace du tresor de l'Eglise : l'importance est de ne receuoir point en vain, c'est à dire inutilement la grace de Dieu, de quelque façon qu'elle nous soit presentée : que ceux qui ont peur de se rendre paresseux fassent l'vn & ne mesprisent pas l'autre. L'Eglise bonne mere, ainsi que l'Apostre, se tient redeuable à tous, tant aux diligens qu'aux languides, elle se tend toute à tous pour les gaigner tous, & former I. C. en eux.

45. *C'est fuyr la Croix, & n'estre pas de ceux dont le souuenir parle* (Matth. 10, 38.)

Il y en a de si courageux qu'ils aimeroient mieux sortir de debtes & de prison par leur trauail & industrie que par l'assistance d'autruy. Il y en a d'autres qui sont bien aises que l'on paye pour eux, & de se tirer de peine auec facilité, que celuy qui mange ne dédaigne pas le ieusneur, ni le ieusneur celuy qui mange (Rom. 14, 3.) de quelque façon

21

que ce soit c'est toufiours la grace de Dieu qui
nous iustifie, & I. C. qui paye pour nous (Coloss.
2. 14, Rom. 5. 9. Ephes. 1. 17. Coloss. 1. 20. Hebr.
9. 7. 12. 1. Pier. 1. 19. Apoc. 1. 5.) Ce que faict
l'application extraordinaire du tresor par l'indulgence, c'est d'auancer nostre salut, au cas que nous
fussions surpris par la mort, ayans encore quelque
chose à payer de la peine temporelle deuë à nos
fautes.

46. *Qui sont ceux qui peuuent ouurir ce tresor &
distribuer les Indulgences.*

Nous l'auons dit, ce sont les Pasteurs de l'Eglise,
à qui I. C. a donné ses agneaux & brebis à repai-
stre, & entre les mains desquels il a remis les
clefs du Royaumme des Cieux. *Ioan. 20. Matth.*
18.) Mais leurs pouuoirs sont limitez, selon les
degrez de la Hierarchie & police de l'Eglise. Cela
est reiglé par le droict commun & canonique.

47. *Peuuent ils donner des Indulgences sans aucune cause.*

La commune opinion est que non, autrement
que c'est vne dissipation plustost qu'vne iudicieu-
se dispensation, & Dieu veut que ceux qu'il or-
donne dispensateurs de ses mysteres, & qu'il esta-
blit sur sa famille soient non seulement fidelles,
mais prudens.

48. *Quelles sont les causes legitimes.*

Celles qui procedent d'vne signalée pieté, &
desquelles Dieu tire beaucoup de gloire. Comme
de l'exaltation de l'Eglise, de la propagation de la
foy, de la paix des peuples, de l'extirpation des He-
resies, & semblables.

49. *Quelle disposition doiuent auoir ceux qui de-
sirent monter sur cette palme, & cueillir de ses*

fruict. (*Cantic.7.8.*)

Trois choses doiuent concourir pour rendre vne indulgence valide. La 1. l'auctorité en celuy qui la donne, c'est à dire la puissance de iurisdiction. La 2. La pieté en la cause. La 3. La charité & l'obeissance en celuy qui veut estre participant de ce bien faict, car ceste chose saincte ne se communique qu'aux saincts, ceux-là seuls sont laschez libres qui sçauent comme il faut prononcer le Scibboleth. (*Iud.14.6.*) le pain des enfans ne se donne point aux chiens, dans ce Royaume de la grace, non plus qu'en celuy de la gloire, les souillez n'ont point d'accez, de plus il faut l'obeissance, c'est à dire faire ponctuellement ce qui est prescrit en la concession de l'indulgence, car c'est vne maxime en cette matiere, qu'elle ne vaut qu'autant qu'elle sonne, & c'est ceste obeissance qui rend si agreable à Dieu le sacrifice de cette bonne œuure.

Les Indulgences se peuuent elles estendre aux ames qui sont au Purgatoire.

Ouy, par maniere de suffrage, c'est à dire par priere, intercession, & impetration, non par maniere de iurisdiction & d'absolution, car elles ne sont plus de la iurisdiction de ceux à qui I. C. a donné les clefs du Royaume celeste. Cette verité n'a nulle difficulté entre les catholiques, qui croyét le Purgatoire, & qui prient pour les Trespassez, car s'ils estiment que les bonnes œuures qu'ils font pour eux en estat de grace, leur profitent par la misericorde de Dieu, pourquoy non le gaing d'vne Indulgence, accompagnée de tant de pieuses actions.

§. *Mais que veulent dire ces Indulgences de six*

24.

de dix, de cent mille ans, dont parlent certains li-
ures.

Laissant à part quelles sont suspectes à de grands
personnages (Voyez Bellarm. l. 1. des Indulg. c. 9.
citant Gerson & quelques autres) il est aisé neantmoins à vn esprit traittable & docile, de faire co-
prendre ceste manière de parler. Car supposé que
par les anciens Canons Ecclesiastiques (qui non
seulement ne sont plus en vsage, mais desquels on
n'a presque plus de cognoissance, que fort obscure
& incertaine) il fallust ieusner vne fois la sep-
maine vn an durant pour vn peché mortel, il n'y à
point de doute que celuy qui auoit commis cent
pechez mortels, seroit obligé cent ans durant, s'il
viuoit autant, à ceste penitence, & s'il mouroit a-
uant ce terme, de l'accomplir en Purgatoire quoy
que d'vne autre sorte de peine, qui eust eu mille
pechez eust esté obligé à 7000. ans qui 10000 pechez, à 70000 ans.

52. *Mais le monde ne doit pas tant durer, & le
Purgatoire doit cesser aprez le dernier iugement.*

Ouy : mais si beaucoup de pechez sont remis en
ce monde, & quant à la coulpe, & quant à la peine
& eternelle, & temporelle, à qui à vne grande,
forte, feruente, vehemente charité, en intensiueté
comme on parle en l'escole; Dieu ne peut il pas en
vn iour, voire en vne heure en purgatoire ramasser
par vehemence intensiue la longueur de la peine
de 1000. voire de 10000 ans, qui est-ce qui co-
gnoist le sens & les puissances du Seigneur ? (*Ps.*
7. 6.)

53. *Les Indulgences sont donc vn supplément des
oeuures satisfactoires?*

Ouy, & vne application extraordinaire des satisfactions

tisfactions de I. C. laquelle n'exclut pas l'application ordinaire qui se fait par les bonnes œuures
faictes en grâce, & par les Sacremens, au contraire elle la prouocque, d'autant qu'au temps des Iubilez & indulgences se font tant de bonnes œuures que les fidelles en sont edifiez, les plus froids
en sont eschauffez à la pieté, les plus lasches pic-
quez à bien faire, & à quitter le mal, de sorte que
lors on peut chanter auecc le Psalmiste (*Ps.* 64. 12.)
Seigneur vous benirez la couronne de l'an de vo-
stre benignité, & vos champs seront remplis d'a-
bondance, la beauté du desert est engraissee, & les
collines en tressaillent de ioye] (*ps.* 64. 13.) C'est
vn des plus puissans aiguillons a bien faire, & à re-
chauffer la charité refroidie, que l'Eglise ait point,
c'est la vraye Abisag du vieil Dauid (3. *Rom.* 1.]
54. Bourquoy donc le Concile (Sess. 25.) de
Trente ne desire t'il pas que l'osage en soit si
commun ? . . .

Pour 2. raisons, la 1. pour arrester les abus des
questeurs, qui changent ce grand bien en vn mauuais commerce, faisans traffic de la pieté, ce que
l'Eglise & les souuerains Pontifes ont en horreur,
la 2. pour empescher le mespris des peuples qui se
nourrit de la facilité, & qui auroit à dégoust la
manne mesme, si elle tomboit tous les iours. D'où
vient que plusieurs directeurs spirituels, deffen-
dent à quelques ames la cōmunion trop frequen-
te, quoy que d'ailleurs nous deussions viure en
sorte que nous fussions disposez à receuoir tous les
iours ce pain supersubstantiel & quotidien, selon
l'auis de quelques anciens peres. Et certes l'expe-
rience fait voir que les Indulgences sont d'autant
moins fermement recherchees, que plus elles sont

communes.

55. D'où vient qu'elles sont tant descriées par ceux qui sont de dehors.

Ie me suis quelquefois estonné de leur belle humeur en cela, veu que mettans leur grand Iubilé, & leur plenière Indulgence de coulpe & de peine eternelle & temporelle en vne simple eleuation d'esprit, en vn seul acte de foy, ils ne veulent pas de leur grace, que nous puissions iouïr du mesme priuilege, y adioustans les iéusnes, les oraisons, les aumosnes la penitence, la communion, & toutes sortes de bonnes œuures, y a t'il vne iniustice pareille à celle là 56. *Nous n'auons que faire de ceux de dehors.* (I. Cor. 5. 12.)

C'est bien dit suiuant ce conseil de l'Apostre, & prions Dieu pour leur conuersion, & pour leur vie, vsons auec soin, diligence & fidelité, d'vne largesse si fauorable, & empoignons ces temps redoubables & ces iours de salut, auquels ce tresor nous est ouuert: quittons la nuict du peché, allons au iour de la grace, reiettons les œuures des tenebres, & nous reuestons des armes de lumiere, pour marcher honnestemét au iour & en la splédeur des saincts. Venez & achetez sans argent ce laict & ce miel, de la terre de promesse, remplissons nous de ces sainctes benedictions, beuuons en iusques à vne saincte yuresse spirituelle, en laquelle nous veniós à nous escrier, venez reioüissons nous au Seigneur auec iubilation, preoccupons sa face en confession (ps. 94. 1.) escoutons la voix du bon Pasteur qui nous dit en ces temps là, (Matth. 11. 28.) venez à moy vous qui estes trauaillez & surchargez, & ie vous soulageray.

FIN.